Herausgegeben von **mixtipp** Antje Watermann

Gabriele Schmidt

Lieblings SAUCEN

KOCHEN MIT DEM **THERMOMIX®**

LEMPERTZ

IMPRESSUM

Math. Lempertz GmbH
Hauptstraße 354
53639 Königswinter
Tel.: 02223 / 90 00 36
Fax: 02223 / 90 00 38
info@edition-lempertz.de
www.edition-lempertz.de

Dieses Kochbuch wurde nach bestem Wissen und Gewissen verfasst. Weder der Verlag noch der Autor tragen die Verantwortung für ungewollte Reaktionen oder Beeinträchtigungen, die aus der Verarbeitung der Zutaten entstehen.

Der Markenname „Thermomix" ist rechtlich geschützt und wird nur als Bestandteil der Rezepte verwendet. Für Schäden, die bei der Zubereitung der Gerichte an Personen oder Küchengeräten entstehen, wird keine Haftung übernommen.
Bitte beachte die Anwendungshinweise der Gebrauchsanweisung deines Thermomixgerätes.

LIKE US ON facebook www.facebook.com/MIXtippRezepte
Titelbild: Fotolia
Lektorat: Philipp Gierenstein, Laura Liebeskind, Alina Groß, Sarah Petrovic
Layout/Satz: Ralph Handmann
Gesamtherstellung: CPI

ISBN: 978-3-96058-099-7

Fotos: © fotolia: xiquence, Barbara Pheby, LiliGraphie, valery121283, Grafvision, racamani, Quade, Björn Wylezich, ji_images, s_karau, garry_images, Valentina R., Mike Richter, VRD, Gina Sanders, womue; emuck; lightpoet; shefkate; shock; kawasakier6n; Foodlovers; onoky; Blend Images; katy_89; nadin_100; FOOD-pictures; superfood; Mara Zemgaliete; Kondor83; Printemps; Vitaliy Hrabar; forestpath; Westend61; FOOD-images; photosiber; koss13; Maxal Tamor; ExQuisine; rdnzl; BigDreamStudio; blende40; Mark Eich; enzo4; M.studio; oxxyzay; blueee; Fanfo; paul_brighton; Zhenia Vyazankina; Jérôme Rommé; FOOD-micro; ivanmateev; illustrez-vous; Marzia Giacobbe; MovingMoment; silencefoto; Marek Gottschalk; nblxer; natalikaevsti; cook_inspire; HandmadePictures; Vitaliy Hrabar; forestpath; Miriam Dörr; SolisImages, Kzenon, euthymia, Corinna Gissemann, chetianu, Oliver Wilde, bit24, Christian Fischer, a_vanda, photocrew, Jenifoto, tashka2000, Vitalina Rybakova, S.Kobold, kaprikfoto, ratmaner, FOOD-micro, Marco Mayer

FSC® www.fsc.org MIX Papier aus verantwortungsvollen Quellen FSC® C083411

INHALT

SAUCEN FÜR FISCH

SAUCEN FÜR GEMÜSE

SAUCEN FÜR SÜSSES

Harrods
Harrods

ABER BITTE MIT SAUCE

Liebe Thermomixfreunde,

Das Team Mixtipp hat sich bei diesem Band an eine Königsdisziplin in der Küche gewagt. Denn egal ob Fisch, Fleisch, Pasta oder Nachtisch, erst die richtige Sauce rundet das Gericht ab und macht den Unterschied zwischen einfachem Essen und Gaumenschmaus.

Dieser Mixtipp-Band schafft Abhilfe im Saucen-Dschungel: Ausgehend von der Basis, dem selbst gemachten Fond, stellt es die wichtigsten Saucentypen vor. Eingeteilt in die Kategorien Fisch-, Fleisch-, Gemüse- und süße Saucen können alle Saucen einfach und schnell mit dem Thermomix TM 5 und TM 31 nachgekocht werden. Es zeigt, wie sich die verschiedensten Saucen perfekt zubereiten lassen. Über 40 Saucenrezepte – von einfach bis raffiniert, von der klassischen Bechamelsauce über die italienische Tomatensauce bis hin zur feinen Schokoladensauce – verführen zum Nachkochen.
Wichtig ist, dass es die richtige Sauce zum richtigen Gericht ist. Deshalb gibt es zu jedem Saucen-Rezept eine Empfehlung, welche Sauce wozu am besten passt.
Und natürlich liefern wie gewohnt bei jedem Rezept kluge Mixtipps Hinweise zum Gelingen, zur richtigen Aufbewahrung und zu alkoholfreien Varianten oder auch Einkaufstipps.

Wenn du sonst beim Saucenkochen eher verzweifelt bist und auf Fertigprodukte zurückgreifen musstest, ist dieses Buch ab sofort dein bester Freund und führt dich in die Geheimnisse der guten Saucen-Küche ein.

Antje Watermann

Herausgeberin, Edition Lempertz

EINFÜHRUNG IN DIE SAUCENWELT

Was wäre die Spargelzeit ohne eine köstliche Sauce Hollandaise? Was wäre ein zartes Filet ohne eine samtige, aromatische Rotweinsauce, was das feine Fischfilet ohne eine helle Beurre Blanc mit einem Hauch von Zitrone?
Eine passende Sauce rundet ein Menü ab, macht es perfekt, indem sie mit den Aromen der zubereiteten Speisen harmonisiert und ihnen den letzten Schliff gibt. Saucen sind das I-Tüpfelchen auf jedem Menü.
Viele Menschen trauen sich nicht an die Zubereitung wirklich delikater Saucen heran, weil sie denken, dass feiner Geschmack auch immer einen hohen Schwierigkeitsgrad beim Kochen bedeutet. Oder aber sie verlassen sich auf Fertigprodukte und bringen sich damit um das außergewöhnliche Geschmackserlebnis und den Spaß, den das Kreieren einer eigenen Sauce mit sich bringt.
Das Team Mixtipp zeigt dir hier Schritt für Schritt, wie du selbst mit dem Thermomix Saucen für jede Gelegenheit kochen kannst. Ob du ein Fleisch- oder ein Fischgericht planst oder eine leckere Dessertsauce suchst – hier ist alles dabei.

Saucen und ihre Basis

Jede Sauce braucht ihre Basis. Welche das ist, hängt ganz von der Art der Sauce ab. Zum einen ist es möglich, Fleisch anzubraten und den Bratensatz durch Zugabe von Flüssigkeit **abzulöschen**, zu **deglacieren**. Die Mischung wird verrührt, so dass sich der Bratensatz löst und der Sauce sein Grundaroma verleiht.
Die unumstrittene flüssige Grundlage für Saucen bilden die **Fonds**. Diese werden, je nach dem Gericht, für das sie vorgesehen sind, aus sogenannten Karkassen, das sind Knochen, Fleisch-, oder Gemüseteilen oder Fischabschnitten, hergestellt. Die als Grundlage ausgewählten Karkassen sollten von guter Qualität sein, schließlich ist dies ausschlaggebend für den letztendlichen Geschmack der Sauce. Die Fleisch-, Gemüse- oder Fischteile und Knochen sollten vor der Zubereitung sorgfältig gereinigt und zerteilt werden. Dann werden sie in einem tiefen Backblech oder Bräter zunächst im Ofen geröstet und dann mit Gemüse und Gewürzen ergänzt.

Wie beim Bratensatz löscht man die Mischung nun mit Flüssigkeit wie Wein und Wasser ab und erhitzt die Mischung weiter. Dabei reduziert sich die Flüssigkeit, so dass sich das Aroma der Zutaten entfalten kann. Im Mixtopf oder Topf geht es weiter: Hier lässt man die Mischung ohne Knochen in einer größeren Flüssigkeitsmenge unter Zugabe von Kräutern weiter köcheln und gießt bei Bedarf mehr Wasser dazu. Zum Schluss wird der Fond durch ein feines Sieb oder ein Tuch gegossen. Für ein kräftigeres Aroma kann man ihn nun noch weiter **reduzieren**, also die Flüssigkeit so lange einkochen lassen, bis sich ihre Menge auf die Hälfte oder sogar ein Drittel verringert. So erhält man aus dem Fond den sogenannten **Jus** und nach weiterem Einkochen die **Glace** bzw. **Demi-Glace**. Wie du im Thermomix selbst ganz leicht Wildfond, Fleischfond, Hühnerfond, Fischfond und Gemüsefond herstellen kannst, zeigen wir dir auf den Seiten 12 – 23. Basis für eine helle, cremige Sauce können aber auch Milch, Wein oder Butter sein.

Binden

Zum Binden von Saucen kannst du, je nach Art deiner Sauce, verschiedene Techniken nutzen. Bei einer Sauce auf Fondbasis bietet es sich an, die Sauce so lange zu reduzieren, bis die gewünschte Konsistenz und Geschmacksintensität erreicht ist. Verwende dabei eine hohe Temperatureinstellung und schmecke die Sauce ab und zu ab, damit sie dir nicht zu würzig und salzig gerät.

Eine gern genutzte und auch als Basis für einige Saucen wie die Béchamel verwendete Methode ist das Erstellen einer **Mehlschwitze**, auch Roux genannt. Dafür schmilzt du zunächst Butter und rührst eine gleiche Menge Mehl ein. Wichtig ist dabei, gleichmäßig und konstant zu rühren, sonst können sich leicht Klümpchen bilden, die die spätere Sauce klumpig und unappetitlich machen. Je nachdem, wie lange die Butter erhitzt wird, verändert sich auch der Farbton der Sauce von einem hellen Beige- bis zu einem sanften Braunton. Dazu gießt du nun nach und nach die flüssige Zutat, die du für die Sauce deiner Wahl benötigst. Lass die Sauce unter Rühren aufkochen. Zum Binden einer Sauce kannst du auch im Voraus kleine **Kugeln aus Mehl und Butter** herstellen und diese zum Binden ganz einfach in die Sauce geben.

Eine weitere einfache Bindetechnik ist die Nutzung von etwas Speisestärke. Achte darauf, diese zunächst in ein wenig Wasser gründlich anzurühren, bis keine Klümpchen mehr in der Mischung sind. Dann gibst du sie in deine heiße Sauce, rührst sie ein und kochst sie dabei noch einmal auf, auf diese Weise wird die Sauce angenehm sämig.

Eine lockere gebundene Sauce bekommst du, wenn du sie **aufschlägst**: Das geht bei warmen Saucen wie z.B. der Sauce Hollandaise oder Béarnaise, die du emulgierst, indem du das Eigelb

aufschlägst und unter Rühren geschmolzene Butter hinzufügst. Wichtig dabei ist, dass die Mischung nicht mehr kocht und die ganze Zeit weiter kräftig gerührt wird, sonst gerinnt die Butter. Bei kalten Saucen funktioniert das Aufschlagen ebenfalls: Auch hier schlägst du das Eigelb auf und gibst nach und nach unter Rühren kaltes Öl hinzu.

Aromatisieren und Verfeinern

Um deiner Sauce einen würzigen Geschmack und ein schönes Aussehen zu geben, stehen dir mehrere Möglichkeiten offen. Zum einen haben sich bestimmte Kräuter, gerade auch bei der Erstellung der Basisfonds, bewährt. Dazu gehören Petersilie, Thymian, Estragon, Majoran, Lorbeer und Pfefferkörner. Kräuterzweige werden beim Kochen gerne zu einem kleinen Kräutersträußchen, dem sogenannten Bouquet garni, zusammengebunden und beim Kochen im Linkslauf hinzugefügt. Auf diese Weise können sie auch leicht wieder herausgenommen werden, damit das Aroma der Kräuter nicht zu intensiv wird. Auch das Anbraten, Ablöschen und Reduzieren von Zwiebeln, Schalotten oder Pilzen führt zu geschmacksintensiven Resultaten. Dabei siebst du die festen Bestandteile aus der entstehenden Garflüssigkeit ab und gießt die Flüssigkeit in die Sauce.
Zum sogenannten Montieren einer Sauce gibst du zum Schluss kalte Butter, Ei, Sahne oder Crème fraîche hinzu. Butter sorgt dabei dafür, dass deine Sauce einen schönen Glanz bekommt, Sahne und andere Crèmes verleihen ihr eine angenehme Konsistenz und Bindung.
Beim Verfeinern einer Sauce sind deiner Kreativität keine Grenzen gesetzt. Probiere für dich aus, welche Kräuter und Zutaten deine Sauce am besten abrunden.

MIXTIPPS

1. Speisestärke wird gerne zum Binden und Andicken von Saucen oder Desserts verwendet. Aber in welchem Verhältnis mischt man sie eigentlich an? Hier gilt die Faustregel: Auf 1 Teil Speisestärke kommen 2 Teile Flüssigkeit, also zum Beispiel 1 EL Speisestärke und 2 EL Wasser. In den meisten Fällen wird die Speisestärke mit Wasser gemischt, sie kann aber auch mit Fruchtsäften oder Milch gebunden werden.

2. Alternativ zu Speisestärke kannst du auch eine Kartoffel in die Sauce raspeln. Die Stärke der Kartoffel löst sich beim Kochvorgang und bindet die Sauce. Die Kartoffel sollte allerdings so lange mitkochen, bis sie gar ist, also mindestens 12-15 Minuten. Schmeck die Sauce danach noch einmal ab.

3. Funktioniert deine Waage nicht? Da die Sensoren der Waage in den drei Füßen sitzen, solltest du immer darauf achten, dass sie frei von Verunreinigungen sind und keine Krümel zwischen der Oberfläche und den Füßen sind. Falls die Waage nach dem Reinigen immer noch nicht geht, zerkleinere 100 g Schokolade 10 Sekunden/ Stufe 10 im Mixtopf. Durch die Erschütterung kann es sein, dass ein möglicher Wackelkontakt ausgeglichen wird.

4. Falls eine Flüssigkeit im Mixtopf hochkocht und überzulaufen droht, dreh die Temperaturangabe unter 90°C. Die Flüssigkeit kühlt sofort um ein Paar Grad ab und läuft nicht mehr über. Danach kannst du die Temperatur entweder unter 100°C lassen oder wieder hochdrehen, behalte den Inhalt des Mixtopfs dann aber im Auge.

5. Versalzene Saucen kannst du mit Kartoffel-, Möhren- oder Apfelstücken retten. Köchel dafür in Stücke geschnittene Kartoffeln, Möhren oder Äpfel mehrere Minuten im Linkslauf mit, die Stücke nehmen Salz auf und neutralisieren den Geschmack. Anschließend entfernst du die Stücke aus der Sauce.

6. Wenn dir eine Sauce zu scharf ist, kannst du Sahne oder Milch hinzufügen und mitköcheln lassen. Das enthaltene Fett in Milch oder Sahne bindet die in der Sauce enthaltenen Scharfstoffe.

7. Zum Reduzieren von Saucen lässt du den Messbecher weg. So kann überschüssiges Wasser verdampfen und die Sauce wird sämiger. Als Spritzschutz kannst du den Gareinsatz auf den Deckel stellen.

BASICS

FLEISCHFOND

Ergibt 1000 g Fleischfond

- 1500 g Rinderknochen, kleingehackt
- 2 EL Öl
- 200 g Möhren, in Stücken
- 1 Stange Porree
- 100 g Zwiebeln, halbiert
- 2 Knoblauchzehen
- 150 g Champignons
- 5 Tomaten, in Stücken
- 250 g Weißwein
- 1000 g Wasser
- 2 Zweige Petersilie
- 1 Estragonzweig
- 2 Lorbeerblätter
- 1 TL Wacholderbeeren
- 1 TL Pfefferkörner
- Salz nach Belieben
- Pfeffer nach Belieben

1. Gib die gehackten Rinderknochen auf ein tiefes Backblech, füge das Öl hinzu und röste sie im Ofen 40 Minuten/ 200°C (Umluft).

2. In der Zwischenzeit schälst und putzt du die Möhren und den Porree und schälst und halbierst die Zwiebeln und die Knoblauchzehen. Putze die Champignons, schäle die Tomaten und entferne ihre Kerne. Dann zerkleinerst du alles im Mixtopf 5 Sekunden/ Stufe 5.

3. Gib das Gemüse auf die Rinderknochen und lass alles noch einmal 10-15 Minuten/ 200°C (Umluft) im Ofen rösten.

4. Gieß den Weißwein dazu und lass alles weitere 30 Minuten/ 180°C im Ofen dünsten. Danach entfernst du die Knochen, füllst die restliche Mischung in den Mixtopf um und fügst das Wasser hinzu.

5. Nun würzt du den Fond mit Petersilie, Estragon, Lorbeer, Wacholderbeeren und Pfefferkörnern sowie Salz und Pfeffer. Dann lässt du ihn ca. 90 Minuten/ Varoma/ Linkslauf/ Stufe 1 ohne Messbecher einkochen. Bei Bedarf gibst du noch einmal 200 g Wasser dazu. Schmecke den Fond dann nach deinem Geschmack ab.

6. Gieß den Fond durch ein feines Sieb, so dass du alle festen Bestandteile herausfilterst, und gib ihn zum Verwahren in Schraubgläser.

HÜHNERFOND

Ergibt 1000 g Hühnerfond

1000 g Hähnchenschenkel
1 Zwiebel, halbiert
1 Bund Suppengrün (Petersilie, Möhren, Lauch, Knollensellerie), in Stücken
30 g Rapsöl
1100 g Wasser
1 TL Salz
8 Pfefferkörner
1 Stängel Thymian
1 Lorbeerblatt

mixtipp

Die Hähnchenschenkel enthäuten und das Fleisch zu einem leckeren Geflügelsalat verarbeiten!

1. Als Erstes gibst du die zerteilten Hähnchenschenkel in ein tiefes Backblech und röstest sie 30 Minuten/ 180°C (Ober-/Unterhitze) im Ofen, bis sie goldbraun sind. Wende sie nach der Hälfte der Zeit einmal.

2. Derweil schälst und halbierst du die Zwiebel. Putze und schäle das Suppengrün, gib alles in den Mixtopf und zerkleinere es 8 Sekunden/ Stufe 5. Schieb die Stückchen mit dem Spatel nach unten. Gieße das Öl dazu und dünste die Gemüsestücke darin 3 Minuten/ Varoma/ Stufe 2 an.

3. Die Gemüsemischung gibst du nun auf die Hähnchenschenkel und röstest alles noch einmal im Backofen 10 Minuten/ 180°C.

4. Anschließend gießt du 250 g des Wassers auf das Backblech und lässt die Mischung darin 15 Minuten/ 180°C im Ofen dünsten. Danach entfernst du die Hähnchenschenkel, legst sie in den Varoma und füllst den Rest der Mischung vom Backblech in den Mixtopf um.

5. Dazu gießt du nun die restlichen 850 g Wasser, salzt es und gibst Pfefferkörner, Thymian und Lorbeer dazu. Setz den Varoma auf und gare nun alles 40 Minuten/Varoma/ Linkslauf/ Stufe 1.

6. Anschließend nimmst du den Varoma ab und gießt bei Bedarf noch 300 g Wasser in den Mixtopf. Lass alles noch einmal 40 Minuten/ 90°C/ Linkslauf/ Stufe 1 köcheln. Dabei setzt du nicht den Messbecher ein.

7. Schau gelegentlich nach dem Stand der Flüssigkeit und schöpf den Schaum ab, sonst könnte der Fond trüb werden. Bei Bedarf gießt du Wasser an.

8. Zum Schluss gießt du den Fond durch ein feines Sieb und filterst die festen Bestandteile heraus. Gieße ihn zum Verwahren in ein Twist-off-Glas. Im Kühlschrank hält er sich 3 Tage, du kannst ihn aber auch einfrieren und innerhalb eines Monats aufbrauchen.

WILDFOND

Ergibt 1000 g Wildfond

- 1000 g Wildknochen, in Stücke gehackt
- 2 EL Öl
- 1 Möhre, in Stücken
- 250 g Knollensellerie
- 20 g Tomatenmark
- 1 Zwiebel, halbiert
- 2 Knoblauchzehen
- 150 g Wasser
- 700 g Rotwein
- 2-3 Zweige Thymian
- 1 Zweig Rosmarin
- 2 Lorbeerblätter
- 1 TL Wacholderbeeren
- 1 TL Pimentkörner
- 1 TL schwarze Pfefferkörner
- Salz nach Belieben
- 10 g getrocknete Champignons
- Pfeffer nach Belieben
- 1000 g Wasser

1. Zunächst verteilst du die Wildknochen auf einem tiefen Backblech, gibst etwas Öl dazu und brätst sie 15 Minuten/ 180°C (Ober-/Unterhitze) im Backofen an.

2. In der Zwischenzeit schälst und putzt du Möhre und Knollensellerie und zerkleinerst sie danach 5 Sekunden/ Stufe 5 im Mixtopf. Schieb die Stückchen mit dem Spatel nach unten. Verrühre die Gemüsestückchen mit dem Tomatenmark 10 Sekunden/ Stufe 2.

3. Schäle Zwiebel und Knoblauchzehen und gib sie nach Ablauf der Bratzeit mit der Gemüsemischung aus dem Mixtopf auf die Wildknochen. Röste alles noch einmal 10 Minuten/ 180°C im Backofen weiter.

4. Anschließend gießt du die 150 g Wasser dazu und lässt die Mischung darin 25 Minuten/ 180°C im Backofen dünsten. Danach entfernst du die Knochen und füllst den Rest in den Mixtopf um.

5. Gieße den Rotwein dazu und würze den Fond mit Thymian, Rosmarin, Lorbeer, Wacholderbeeren, Piment, Pfefferkörner, Salz und getrockneten Champignons. Dann lässt du ihn ca. 50 Minuten/ Varoma/ Linkslauf/ Stufe 1 einkochen. Dabei setzt du nicht den Messbecher ein. Kontrolliere den Stand der Flüssigkeit in regelmäßigen Abständen und beende die Garzeit, wenn nur noch etwa 100 g Flüssigkeit übrig sind.

6. Jetzt fügst du das Wasser hinzu und reduzierst den Fond noch einmal ca. 90 Minuten/ Varoma/ Linkslauf/ Stufe 1 um die Hälfte. Schmeck ihn nach deinem Geschmack ab.

7. Zum Schluss filterst du den Wildfond durch ein feines Sieb. Füll ihn zum Verwahren in Twist-off-Gläser; im Kühlschrank hält er sich ca. 4-5 Tage. Du kannst ihn aber auch einfrieren.

GEMÜSEFOND

Ergibt 1000 g Gemüsefond

- 1 Bund Petersilie
- 4 Zweige Thymian
- 100 g Knollensellerie, in Stücken
- 1 Stange Lauch, in Ringen
- 200 g Möhren
- 2 Zwiebeln, halbiert
- 1 Schalotte, halbiert
- 1 Knoblauchzehe
- 4 EL Rapsöl
- 1200 g Wasser
- 10 Pfefferkörner
- 2 Nelken
- 2 Lorbeerblätter
- etwas Salz

1. Wasche Petersilie und Thymian zuerst ab und tupf sie sorgfältig trocken. Dann häckselst du sie im Mixtopf 8 Sekunden/ Stufe 8. Füll sie zunächst in eine kleine Schüssel um.

2. Jetzt schälst und putzt du Knollensellerie, Lauch, Möhren, Zwiebeln, Schalotte und Knoblauch. Gib die in Stücke geschnittenen Gemüsesorten in den Mixtopf und zerkleinere alles 10 Sekunden/ Stufe 7. Dann schiebst du die Stücke mit dem Spatel nach unten.

3. Für einen herzhaften Geschmack fügst du das Öl hinzu und lässt das Gemüse darin 5 Minuten/ Varoma/ Stufe 2 andünsten.

4. Gieße jetzt das Wasser an und würze die Mischung mit den vorbereiteten Kräutern, Pfeffer, Nelken, Lorbeer und Salz. Dann lässt du den Fond 65 Minuten/ 100°C/ Linkslauf/ Stufe 1 ohne Messbecher kochen.

5. Zum Schluss gießt du den Fond durch ein Sieb und filterst so Gemüsestücke und Gewürze heraus. Verwahre den Fond im Kühlschrank und brauche ihn in ca. 4-5 Tagen auf. Du kannst den Gemüsefond auch einfrieren, dann bleibt er ca. 3 Monate haltbar.

FISCHFOND

Ergibt 1000 g Fischfond

- 1 Zwiebel, halbiert
- ½ Stange Porree, in Ringen
- 2 Karotten, in Stücken
- 150 g Selleriegrün
- 1100 g Wasser
- 300 g Abschnitte vom Fisch (z. B. Kopf, Flossen, etc.)
- 1 TL Salz
- ½ TL Pfeffer

1. Fülle zunächst Zwiebel, Porree und Karotten geschält und in Stücken mit dem Selleriegrün in den Mixtopf und zerkleinere alles 6 Sekunden/ Stufe 6. Schieb die Stückchen mit dem Spatel nach unten.

2. Nun gießt du das Wasser dazu und fügst die Fischreste, Salz und Pfeffer hinzu. Lass die Mischung 20 Minuten/ 100°C/ Linkslauf/ Stufe 1 kochen. Danach testest du, ob die Fischreste gegart sind, falls nicht, kochst du alles noch etwas mit der gleichen Einstellung weiter.

3. Zum Schluss gießt du den fertigen Fischfond durch ein Sieb, um die Gemüsestücke und den Fisch herauszufiltern. Verwahren kannst du ihn in verschraubten Gläsern.

PROTEX
Team
mix

SAUCEN FÜR FLEISCH

2 Portionen | 15 Min. | leicht | Fleisch, Geflügel, Gemüse, Kartoffeln

SAUCE MOUSSELINE

Zubereitungszeit: 15 Minuten
Zutaten für 2 Portionen

- 250 g Butter, in Stücken
- 4 Eigelb
- 2 EL Wasser
- 10 g Zitronensaft
- 5 g Salz
- Weißer Pfeffer, nach Belieben
- 60 g Sahne

1. Gib die Butter in den Mixtopf, lass sie 4 Minuten/ 80°C/ Stufe 2 schmelzen und füll sie anschließend in eine Schüssel um. Reinige den Mixtopf und trockne ihn ab.

2. Setz den Schmetterling ein, gib Eigelb, Wasser, Zitronensaft und Gewürze in den Mixtopf und erhitze alles 2 Minuten/ 80°C/ Stufe 4.

3. Dann vermischst du die Sauce noch einmal 4 Minuten/ 80°C/ Stufe 4; währenddessen gießt du die geschmolzene Butter über die Deckelöffnung dazu.

4. Nun noch die Sahne hinzugeben und 5 Sekunden/ Stufe 2 unterrühren.

4 Portionen | 15 Min. | leicht | Rostbraten

ZWIEBELSAUCE

Zubereitungszeit: 15 Minuten
Zutaten für 4 Portionen

- 250 g weiße Zwiebeln, halbiert
- 40 g Butter
- 20 g Tomatenmark oder Ajvar
- 100 g Weißwein
- 400 g Fleischfond (siehe S. 14)
- Salz, nach Belieben
- Pfeffer, nach Belieben
- ¼ TL gerebelter Majoran
- 1 Prise Muskatnuss

1. Gib zunächst die Zwiebeln in den Mixtopf, zerkleiner sie 5 Sekunden/ Stufe 5 und schieb sie mit dem Spatel nach unten. Anschließend gibst du die Butter dazu und lässt die Zwiebeln 2 Minuten/ Varoma/ Stufe 2 andünsten.

2. Dann gibst du das Tomatenmark dazu, erhitzt die Mixtur noch 1 Minute/ Varoma/ Stufe 1 und löschst sie anschließend mit dem Weißwein ab.

3. Ergänze den Fleischfond, lass alles noch einmal 10 Minuten/ Varoma/ Stufe 1 einkochen und schmeck die Sauce abschließend mit den Gewürzen ab.

mixtipp

Wer eine sahnigere Variante wünscht, rührt bei Schritt 2 noch 100 g Kochsahne hinzu.

4 Portionen | 35 Min. | leicht | Lammkoteletts

KRÄUTERRAHMSAUCE

Zubereitungszeit: 35 Minuten
Zutaten für 4 Portionen

- 20 g Petersilie, glatt
- 20 g Schnittlauch
- 2 Schalotten, halbiert
- 30 g Butter
- 200 g Gemüsefond (siehe S. 20)
- 50 g Weißwein
- 1 EL Maizena-Speisestärke
- 50 g Crême fraîche
- 50 g Sahne
- Salz nach Belieben
- Pfeffer nach Belieben

mixtipp
Die Sauce schmeckt auch prima mit Tiefkühlkräutern!

1. Als Erstes wäschst du Petersilie und Schnittlauch unter fließendem Wasser und tupfst die Kräuter danach sorgfältig trocken. Schneide die Stiele der Petersilie ab. Dann zerkleinerst du die Kräuter im Mixtopf 6 Sekunden/ Stufe 6. Die Stückchen schiebst du mit dem Spatel nach unten.

2. Nun schälst und halbierst du die Schalotten und zerkleinerst sie im Mixtopf 5 Sekunden/ Stufe 5. Schiebe wieder die Stückchen auf den Boden des Mixtopfs. Danach fügst du die Butter hinzu und dünstest Schalotten und Kräuter darin 2 Minuten/ Varoma/ Stufe 2 an.

3. Jetzt kannst du Gemüsefond und Wein in den Mixtopf geben und kochst die Mischung ca. 15 Minuten/ Varoma/ Stufe 1 ohne Messbecher. In der Zwischenzeit löst du das Maizena in etwas Wasser in einer Tasse auf (siehe Tipp S.11) und verrührst es, bis keine Klümpchen mehr darin sind.

4. Nach dem Kochen gibst du die aufgelöste Speisestärke zur Sauce und mischst sie zunächst 5 Sekunden/ Stufe 5 unter. Danach erhitzt du die Sauce nochmals 2 Minuten/ 90°C/ Stufe 3.

5. Püriere die Sauce 10 Sekunden/ Stufe 8 und füge dann zum Schluss noch die Crême fraîche und die Sahne hinzu. Erhitze die Sauce noch einmal 5 Minuten/ Varoma/ Stufe 1, bis sie zu kochen beginnt.

6. Schmecke die Kräuterrahmsauce nach deinem Geschmack mit Salz und Pfeffer ab und serviere sie heiß.

4-6 Portionen | 50 Min. | leicht | Rinderfilet

ROTWEINSAUCE

Zubereitungszeit: 50 Minuten
Zutaten für 4-6 Portionen

- 1 Schalotte, halbiert
- 30 g Butter
- 300 g Fleischfond (siehe S. 14)
- 1 Brühwürfel
- 300 g trockener Rotwein
- 10 g Sojasauce
- 10 g Tomatenmark
- ½ Lorbeerblatt
- ¼ TL getrockneter Thymian
- 10 g Maizena
- 1 Prise Salz
- 1 Prise Pfeffer

1. Zerkleinere die Schalotte im Mixtopf 5 Sekunden/ Stufe 5. Schieb die Stückchen dann mit dem Spatel nach unten. Dünste sie in 10 g Butter 2 Minuten/ Varoma/ Stufe 2 an.

2. Füge Fleischfond, Brühwürfel, Rotwein, Sojasauce, Tomatenmark, Lorbeerblatt und Thymian hinzu und lass die Flüssigkeit ungefähr 40 Minuten/ 100°C/ Linkslauf/ Stufe 1 köcheln.

3. Dann kannst du das Lorbeerblatt herausnehmen und je nach Geschmack die Sauce würzen und durch ein Sieb gießen.

4. Danach gibst du die in ein wenig kaltem Wasser gelöste Maizena-Speisestärke und die restliche Butter zur Sauce und kochst sie nochmal 2 Minuten/ 100°C/ Stufe 1 im Mixtopf auf. Zum Schluss rundest du die Sauce mit Salz und Pfeffer ab.

mixtipp
Für eine weihnachtliche Variante: Nimm Glühwein statt Rotwein!

4 Portionen | 30 Min. | mittel | gebratenes Schweinefleisch, Gemüse, Rohkost

PAPRIKA-ZABAYON

Zubereitungszeit: 30 Minuten
Zutaten für 4 Portionen

- 200 g rote Paprika
- 200 g Gemüsefond (siehe S. 20)
- 4 Eigelb
- 25 g kalte Butter
- ½ TL Paprikapulver, mild
- ¼ TL Paprikapulver, scharf
- 5 g Zucker
- Salz und Pfeffer, nach Belieben

mixtipp
Die Sauce eignet sich auch super als Dip für Rohkost. Mische dafür bei Schritt 2 100 g Frischkäse in den Mixtopf.

1. Zuerst entkernst und viertelst du die Paprika und zerkleinerst sie im Mixtopf 3 Sekunden/ Stufe 5. Schiebe das Gemüse mit dem Spatel nach unten.

2. Füll den Gemüsefond dazu und köchele alles 15 Minuten/ 100°C/ Stufe 1.

3. Püriere die Mischung danach 10 Sekunden/ Stufe 8.

4. Setz den Schmetterling ein und gib die Eigelbe hinzu. Erwärme die Mischung 8 Minuten/ 70°C/ Stufe 3.

5. Gib die gewürfelte Butter hinzu und würze die Zabayon mit den beiden Sorten Paprikapulver, Zucker, Salz und Pfeffer. Erhitze alles nochmal 2 Minuten/ 70°C/ Stufe 3.

6. Nimm den Schmetterling aus dem Mixtopf. Vor dem Servieren schäumst du die Sauce 40 Sekunden/ Stufe 10 auf.

mixtipp

Du kannst, falls du lieber weniger scharf isst, das scharfe Paprikapulver weglassen.

6 Portionen | 25 Min. | leicht | Schweinegeschnetzeltes

JÄGERSAUCE

Zubereitungszeit: 25 Minuten
Zutaten für 6 Portionen

200 g Champignons, in Scheiben
50 g Butter
2 Schalotten, halbiert
200 g Weißwein
400 g Fleischfond (siehe S. 14)
1 EL Maizena-Speisestärke
80 g Crème fraîche
Salz nach Belieben
Pfeffer nach Belieben

mixtipp

Als Edelvariante dieser Sauce kannst du zur Pfifferlingszeit auch Pfifferlinge benutzen.

1. Als Erstes putzt du die Champignons und schneidest sie per Hand in Scheiben.

2. In den Mixtopf gibst du die Champignons mit 20 g der Butter, dünstest sie 2 Minuten/ Varoma/ Linkslauf/ Stufe 2, gibst sie dann in eine separate Schüssel und hältst sie warm.

3. Nun gibst du die Schalotten in den Mixtopf und zerkleinerst sie 5 Sekunden/ Stufe 5, schiebst sie mit dem Spatel nach unten und dünstest sie anschließend mit 20 g Butter 2 Minuten/ Varoma/ Linkslauf/ Stufe 2.

4. Dann gibst du den Weißwein und den Fleischfond dazu und lässt die Sauce 15 Minuten/ Varoma/ Stufe 1 köcheln. Löse das Maizena in etwas kaltem Wasser auf (siehe Tipp S. 11) und gib es zur Sauce. Mische nun alles 5 Sekunden/ Stufe 5 und erhitze die Sauce 2 Minuten/ 90°C/ Stufe 2.

5. Jetzt kannst du die Champignons, die restliche Butter und die Crème fraîche dazugeben und mit Salz und Pfeffer abschmecken. Verrühre zuletzt alles 1 Minute/ Linkslauf/ Stufe 1.

4 Portionen | 20 Min. | leicht | Nudeln, Spinat, Steak, Filet

GORGONZOLA-SAUCE

Zubereitungszeit: 20 Minuten
Zutaten für 4 Portionen

- 130 g Gorgonzola, zerbröselt
- 1 Zwiebel, halbiert
- 80 g Butter
- 50 g Mehl
- 400 g Milch
- 1 Brühwürfel, zerbröselt
- Salz nach Belieben
- Pfeffer nach Belieben
- Muskatnuss nach Belieben
- 10 g grüner Pfeffer, abgetropft

mixtipp
Klappt auch mit einem anderen Blauschimmelkäse deiner Wahl, z. B. Roquefort.

1. Als Erstes zerkleinerst du den Gorgonzola im Mixtopf 5 Sekunden/ Stufe 5 und stellst ihn dann in einer Schüssel beiseite.

2. Nun schälst und halbierst du die Zwiebel und zerkleinerst sie anschließend im Mixtopf 5 Sekunden/ Stufe 5. Dann schiebst du die Stücke mit dem Spatel nach unten. Gib 20 g der Butter hinzu und dünste die Zwiebelstückchen darin 2 Minuten/ Varoma/ Stufe 2.

3. Jetzt fügst du die restliche Butter hinzu und lässt sie 3 Minuten/ 80°C/ Stufe 1 schmelzen. Anschließend streust du das Mehl darüber und verrührst alles 2 Minuten/ 90°C/ Stufe 3. Lass die Sauce eine Minute bei geöffnetem Mixtopfdeckel abkühlen.

4. Als Nächstes gibst du langsam die Milch und den Brühwürfel dazu und kochst alles 5 Minuten/ Varoma/ Stufe 1 ohne eingesetzten Messbecher auf.

5. Würze die Sauce danach nach deinem Geschmack mit Salz, Pfeffer und Muskatnuss. Dann fügst du den vorbereiteten Gorgonzola hinzu und kochst sie weitere 5 Minuten/ 90°C/ Stufe 3.

6. Zum Schluss gibst du den grünen Pfeffer hinzu und kochst die Sauce 2 Minuten/ 80°C/ Linkslauf/ Stufe 2.

4 Portionen | 20 Min. | leicht | Fisch, Fleisch, Pasta

ZITRONENSAUCE

Zubereitungszeit: 20 Minuten
Zutaten für 4 Portionen

- 2 Bio-Zitronen
- 40 g Olivenöl
- Weißer Pfeffer, nach Belieben
- 150 g Fleischfond (siehe S. 14)
- 1 EL Maizena-Speisestärke
- 100 g Sahne
- 10 g gekühlte Butter
- Salz und Pfeffer

mixtipp

Wir empfehlen als Speisestärke Maizena, du kannst aber auch andere Sorten von Speisestärke benutzen.

1. Zuerst musst du die Bio-Zitronen heiß abbrausen und abtrocknen. Dann reibst du die Schale mit Hilfe einer Reibe fein ab, halbierst die Zitronen und presst ihren Saft aus.

2. Den Saft gibst du zusammen mit dem Olivenöl in den Mixtopf und verrührst es 10 Sekunden/ Stufe 5. Danach würzt du das Gemisch mit etwas Pfeffer und rührst die abgeriebene Zitronenschale und den Fleischfond 5 Sekunden/ Stufe 5 unter.

3. Jetzt kochst du die Sauce 5 Minuten/ 100°C/ Stufe 1 auf.

4. Löse in der Zwischenzeit die Speisestärke in etwas kaltem Wasser auf (immer im Verhältnis 1:2, (siehe Tipp S. 11) und schütte sie in den Mixtopf. Mische die Stärke 5 Sekunden/ Stufe 5 unter.

5. Gib jetzt die Sahne hinzu und koche die Sauce nochmals 5 Minuten/ 90 °C/ Stufe 3.

6. Danach fügst du die Butter hinzu, die 1 Minute/ 80°C/ Stufe 2 schmelzen muss.

7. Abschließend kannst du die Sauce noch mit etwas Salz und Pfeffer abschmecken, sie noch einmal 5 Sekunden/ Stufe 3 vermischen und heiß servieren.

SAUCEN FÜR HUHN

4 Portionen | 15 Min. | leicht | Geflügel, Perlhuhn

SAFRANSAUCE

Zubereitungszeit: 15 Minuten
Zutaten für 4 Portionen

- 200 g Hühnerfond (siehe S. 16)
- 200 g Sahne
- 100 g Crème fraîche
- 5 g Dijon-Senf
- 1 EL Maizena-Speisestärke
- 1 Päckchen Safran (0,05 g)
- 10 g Chantré oder ein Cognac deiner Wahl
- 5 g Salz
- Pfeffer nach Belieben

1. Als Erstes füllst du den Fond in den Mixtopf und kochst ihn 3 Minuten/ 100°C/ Stufe 1 auf. Dazu gibst du dann Sahne, Crème fraîche und Dijon-Senf und kochst die Mischung 5 Minuten/ 90°C/ Stufe 1.

2. Jetzt löst du das Maizena in einer Tasse in ein wenig kaltem Wasser auf (siehe Tipp S. 11). Füge nun den Safran und den Cognac mit der aufgelösten Speisestärke zu der Mischung im Mixtopf hinzu und köchele die Sauce danach noch einmal 5 Minuten/ 80°C/ Stufe 1.

3. Zum Schluss würzt du die Safransauce nach deinem Geschmack mit Salz und Pfeffer und verrührst sie noch einmal 8 Sekunden/ Stufe 6.

mixtipp
Passt auch gut zu Fischgerichten. Dann allerdings bei der Zubereitung Fischfond verwenden!

2 Portionen	15 Min.	mittel	gebratenes Huhn

CIDRE-SAUCE

Zubereitungszeit: 15 Minuten
Zutaten für 2 Portionen

1 Tafelapfel (z.B. Cox), halbiert
2 Schalotten, halbiert
30 g Butter
100 g Cidre
1 TL Maizena-Speisestärke
25 g kalte Butter, in Stücken
100 g Cremefine zum Kochen
Salz und Pfeffer

1. Schäle Äpfel und Schalotten und zerkleinere beides 5 Sekunden/ Stufe 5. Schieb die Apfel-Zwiebel-Stückchen mit dem Spatel nach unten und dünste sie in der Butter 3 Minuten/ 100°C/ Stufe 1.

2. Gib jetzt den Cidre hinzu und lass die Sauce ungefähr 7 Minuten/ Varoma/ Stufe 1 einkochen.

3. Löse die Maizena-Speisestärke in ein wenig kaltem Wasser auf und gib die Mischung dann in den Mixtopf. Verrühre die Stärke mit der Sauce 5 Sekunden/ Stufe 5.

4. Danach gibst du 25 g kalte Butter und die Cremefine nach und nach 3 Minuten/ 90°C/ Stufe 1 in die Sauce.

5. Würz die Sauce mit Salz und Pfeffer und misch die Gewürze noch einmal 3 Sekunden/ Stufe 3 unter. Schlage die Sauce vor dem Servieren kurz 10 Sekunden/ Stufe 5 auf.

4 Portionen | 15 Min. | leicht | Hühnergeschnetzeltes

KOKOS-SAUCE

Zubereitungszeit: 15 Minuten
Zutaten für 4 Portionen

30 g Butter, weich
30 g Mehl
400 g Kokosmilch
100 g Sahne
1 Prise Muskatnuss
½ TL Paprika edelsüß
20 g Sojasauce
Salz und Pfeffer nach Belieben
1 Stange Zitronengras

1. Zerlasse die Butter 1 Minute/ 80°C/ Stufe 1 im Mixtopf.

2. Füge dann das Mehl hinzu und dünste es 3 Minuten/ 100°C/ Stufe 1 an.

3. Gieß die Mischung anschließend mit der Kokosmilch auf und füge außerdem die Sahne, Muskatnuss, Paprikapulver, Sojasauce, Salz, Pfeffer und die Zitronengrasstange hinzu. Koch die Sauce 10 Minuten/ 90°C/ Linkslauf/ Stufe 1 fertig.

4. Vor dem Servieren entfernst du die Zitronengrasstange und schäumst die Sauce 10 Sekunden/ Stufe 10 auf.

mixtipp

Wer es etwas stückiger mag, fügt noch 20 g Kokosraspeln hinzu!

2 Portionen | 35 Min. | leicht | Entenbrust und Geflügel

ORANGENSAUCE

Zubereitungszeit: 35 Minuten
Zutaten für 2 Portionen

- 4 Orangen
- 2 Schalotten, halbiert
- 20 g Butter
- 150 g Fleischfond (siehe S. 14) oder Kalbsfond
- 100 g Hühnerfond (siehe S. 16)
- 2 EL Zitronensaft
- 1 EL Maizena-Speisestärke, in etwas Wasser angerührt
- 20 g Cointreau
- Salz nach Belieben
- Pfeffer nach Belieben

1. Für die Sauce schälst du als Erstes die Orangen. Achte darauf, die weiße Haut gut zu entfernen, da die Sauce sonst bitter werden kann.

2. Zerkleinere die Schalotten im Mixtopf 5 Sekunden/ Stufe 5. Schiebe alles mit dem Spatel nach unten und dünste sie mit 20 g Butter 2 Minuten/ Varoma/ Stufe 2.

3. Gib nun die Orangen in Stücken in den Mixtopf und zerkleinere sie 8 Sekunden/ Stufe 8. Schieb wieder alles mit dem Spatel nach unten.

4. Gieße als Nächstes den Fleischfond, den Hühnerfond und 2 EL Zitronensaft dazu und koche alles 20 Minuten/ 100°C/ Stufe 2.

5. Rühre währenddessen die Speisestärke in etwas kaltem Wasser an (siehe Tipp S. 11), bis keine Klümpchen mehr darin sind, gieße sie in den Mixtopf und verrühre alles 5 Sekunden/ Stufe 5. Lass nun alles 3 Minuten/ 100°C/ Stufe 2 ohne Messbecher köcheln.

6. Als Letztes gibst du den Cointreau dazu und verrührst die Sauce 2 Minuten/ Varoma/ Stufe 1. Schmecke sie nach deinem Geschmack mit Salz und Pfeffer ab. Passiere die Sauce durch ein Sieb, wenn du keine Fruchtstücke darin haben möchtest.

4 Portionen | 5 Min. | leicht | gebratene Hähnchen-Spieße, Garnelen-Spieße

ERDNUSSSAUCE

Zubereitungszeit: 5 Minuten
Zutaten für 4 Portionen

- 1 Knoblauchzehe
- 100 g körnige Erdnussbutter
- 100 g Wasser
- 15 g Rohrzucker
- 20 g Sojasauce
- 10 g Zitronensaft
- 1 große Prise Chilipulver
- 100 g Kokosmilch
- 1 Prise Curry

1. Zuerst musst du den Knoblauch schälen und 5 Sekunden/ Stufe 5 im Mixtopf zerkleinern. Anschließend schiebst du die Stückchen mit dem Spatel nach unten.

2. Dann gibst du die Erdnussbutter mit dem Wasser, dem Rohrzucker und der Sojasauce in den Mixtopf und erhitzt alles 3 Minuten/ 100°C/ Stufe 2.

3. Hinterher fügst du Zitronensaft, Chilipulver, Kokosmilch und Curry hinzu und kochst die Sauce 30 Sekunden/ 70°C/ Stufe 2. Danach rührst du die Sauce nochmals 10 Sekunden/ Stufe 8 auf.

4. Die Sauce kann warm oder kalt serviert werden.

mixtipp

Du kannst die Erdnusssauce ganz einfach in einem passenden Gefäß einfrieren und bei Bedarf wieder auftauen.

SAUCEN FÜR WILD

2-3 Portionen | 20 Min. | leicht | Ente, Wild

SAUERKIRSCHSAUCE

Zubereitungszeit: 20 Minuten
Zutaten für 2-3 Portionen

Saft einer Orange
500 g Sauerkirschen
4 TL Kirschsaft, aufgefangen
2 TL Maizena-Speisestärke
30 g Zartbitterschokolade
60 g brauner Zucker
4 Zweige Thymian
1 Prise Piment
10 g Kirschwasser
150 g Kirschsaft, aufgefangen
50 g Portwein
Salz, nach Geschmack

1. Als Erstes presst du die Orange aus und gießt die Sauerkirschen in ein Sieb, damit sie abtropfen können. Fang den Kirschsaft zum Weiterbenutzen auf. 4 Teelöffel davon stellst du zur Seite, um anschließend die Speisestärke darin anzurühren, bis keine Klümpchen mehr darin sind.

2. Gib die Kirschen mit dem Orangensaft, der Schokolade, dem Zucker und dem Thymian in den Mixtopf und lass sie 6 Minuten/ 90 °C/ Linkslauf/ Stufe 1 kochen.

3. Hole nun die Thymianzweige aus dem Mixtopf.

4. Gib dann den Piment, das Kirschwasser, 150 g von dem aufgefangenen Kirschsaft, die angerührte Speisestärke und den Portwein zu der Sauce. Jetzt kann alles 8 Minuten/ 90°C/ Linkslauf/ Stufe 1 eindicken. Wenn du magst, kannst du die Sauce mit ein bisschen Salz abschmecken.

4 Portionen | 35 Min. | mittel | Wildgerichte, kalt zu Terrinen und Pasteten

HOLUNDERSAUCE

Zubereitungszeit: 35 Minuten
Zutaten für 4 Portionen

- 1 Schalotte, halbiert
- 20 g Sonnenblumenöl
- 200 g ungesüßter Holundersaft
- 100 g Glühwein
- 50 g Rohrzucker
- 1 unbehandelte Zitrone, Schale und Saft
- 10 g Zitronensaft
- 5 weiße Pfefferkörner, zerstoßen
- 3 Wacholderbeeren, angedrückt
- 1 Lorbeerblatt
- 1 Gewürznelke
- 1 Zweig Thymian
- 1 EL Mondamin-Speisestärke
- 100 g Sahne
- 100 g Wildfond (siehe S. 18)
- 50 g Crème fraîche
- 30 g kalte Butter, in Stücken
- 5 g Salz
- Pfeffer nach Geschmack

1. Zunächst wird die Schalotte im Mixtopf 5 Sekunden/ Stufe 5 zerkleinert. Schieb die Stücke mit dem Spatel nach unten. Dann dünstest du sie mit dem Sonnenblumenöl 2 Minuten/ Varoma/ Stufe 2 an.

2. Gib dann Holundersaft, Glühwein, Rohrzucker, Zitronenschale und -saft, Pfefferkörner, Wacholderbeeren, Lorbeerblatt, Gewürznelke und Thymian hinzu und lass die Sauce 20 Minuten/ 80°C/ Linkslauf/ Stufe 1 einkochen.

3. Löse das Mondamin in etwas kaltem Wasser auf (siehe Tipp S. 11). Entferne anschließend das Lorbeerblatt aus dem Mixtopf, gib dann die Sahne, Mondamin und den Wildfond hinein und koche alles erneut 7 Minuten/ Varoma/ Stufe 1 auf.

4. Abschließend rührst du die Sauce mit Crème fraîche und Butter 2 Minuten/ 80°C/ Stufe 2 unter und schmeckst sie mit Salz und Pfeffer ab.

2 Portionen | 2 Min. | leicht | Wild-gulasch

HAGEBUTTENSAUCE

Zubereitungszeit: 2 Minuten
Zutaten für 2 Portionen

- 1 Apfel, geviertelt
- 150 g Hagebuttenmark
- 125 g Schmand
- 30 g Öl
- 30 g Sherry
- 20 g Weinbrand
- 1 TL Worcestersauce
- 5 g Salz
- 1 TL abgeriebene Zitronenschale
- 125 g Orangensaft
- 1 TL Paprikapulver
- 1 Prise Zimt
- 1 Prise Nelken

1. Zunächst wäschst du den Apfel, viertelst und entkernst ihn. Gib die Stücke in den Mixtopf, zerkleinere sie 15 Sekunden/ Stufe 8 und schieb sie anschließend mit dem Spatel nach unten

2. Gib dann Hagebuttenmark, Schmand, Öl, Sherry, Weinbrand und Worcestersauce in den Mixtopf dazu und vermische alles 10 Sekunden/ Stufe 4.

3. Anschließend kannst du Salz, Zitronenschale, Orangensaft, Paprikapulver, Zimt und Nelken hinzugießen und alles weitere 8 Sekunden/ Stufe 4 vermischen.

4. Nun kann die Hagebuttensauce serviert werden.

mixtipp

Alternativ zu Hagebuttenmark kannst du auch Holunder- oder Sanddornmark (z.B. von Viani) benutzen!

4 Portionen | 25 Min. | leicht | Fleisch, Wild

MARONENSAUCE

Zubereitungszeit: 25 Minuten
Zutaten für 4 Portionen

- 2 Schalotten, halbiert
- 1 Knoblauchzehe, geschält
- 50 g Butter
- 300 g geschälte und vorgegarte Maronen
- 300 g Hühnerfond (siehe S. 16) oder Gemüsefond (siehe S. 20)
- 100 g Sahne
- 10 g Grafschafter Goldsaft
- Salz nach Belieben
- Pfeffer nach Belieben
- 1 Prise Muskatnuss
- 2 EL geschlagene Sahne

1. Die Schalotten und den Knoblauch zerkleinerst du als Erstes 5 Sekunden/ Stufe 5 und schiebst die Stücke mit dem Spatel nach unten. Gib nun die Butter dazu und dünste alles 2 Minuten/ Varoma/ Stufe 2.

2. Gib die Maronen in den Mixtopf und dünste sie 3 Minuten/ Varoma/ Stufe 1 mit. Zerkleinere sie anschließend 5 Sekunden/ Stufe 5 und schieb die Stückchen nach unten.

3. Anschließend gießt du den Fond dazu und lässt alles 10 Minuten/ 90°C/ Stufe 3 kochen.

4. Gieße nun die Sahne und den Goldsaft dazu, schmecke die Sauce mit Salz, Pfeffer und Muskatnuss ab und lass alles 5 Minuten/ 90°C/ Stufe 3 kochen.

5. Püriere die Sauce zum Schluss 20 Sekunden/ schrittweise Stufe 6-8-10.

6. Bevor du die Sauce servierst, solltest du kurz die geschlagene Sahne mit einem Löffel unterrühren.

mixtipp

Statt Grafschafter Goldsaft kannst du auch Ahornsirup verwenden.

4 Portionen | 20 Min. | leicht | Fleisch, Wild

LEBKUCHENSAUCE

Zubereitungszeit: 20 Minuten
Zutaten für 4 Portionen

- 50 g Portwein, rot
- 75 g Glühwein
- 1 TL Lebkuchengewürz
- 400 g Wildfond (siehe S. 18)
- 25 g Saucenlebkuchen
- 2 TL Maizena-Speisestärke
- 20 g Butter, in Stücken
- 50 g Crème Fraîche
- Salz nach Belieben
- Pfeffer nach Belieben

1. Koche als Erstes den Portwein und den Glühwein mit dem Lebkuchengewürz im Mixtopf 5 Minuten/ Varoma/ Stufe 2.

2. Gieße danach den Wildfond hinein und lass alles noch einmal 3 Minuten/ 90°C/ Stufe 2 ohne Messbecher kochen.

3. Brösele nun den Saucenlebkuchen in den Mixtopf und lass die Sauce 3 Minuten/ 90°C/ Stufe 2 einkochen.

4. Nun kannst du die Sauce 15 Sekunden/ Stufe 8 pürieren. Löse das Maizena in etwas kaltem Wasser auf (siehe Tipp S. 11). Siebe die Sauce anschließend durch ein feines Sieb und lass sie im Mixtopf zusammen mit dem aufgelösten Maizena 2 Minuten/ Varoma/ Stufe 2 erneut aufkochen.

5. Zu guter Letzt verrührst du die Sauce 2 Minuten/ Stufe 3 und gibst nach und nach die Butter und die Crème Fraîche dazu. Schmecke sie mit Salz und Pfeffer ab.

mixtipp

Falls du keinen Saucenlebkuchen hast, kannst du auch Nürnberger Lebkuchen (aber ohne Schokoguss!) verwenden!

Landlust
Dornfelder
GLÜHWEIN

SAUCEN FÜR FISCH

6 Portionen | 1 Std. 30 Min. | mittel | Meeres-früchte, Muscheln, Hummer

THERMIDOR SAUCE

Zubereitungszeit: 1 Stunde 30 Minuten
Zutaten für 6 Portionen

- 300 g Béchamel-Sauce (siehe S. 94)
- 1 Schalotte, halbiert
- 250 g Fischfond (siehe S. 22)
- 250 g trockener Weißwein
- 100 g Crème fraîche
- 1 EL Maizena-Speisestärke, oder ein anderes Bindemittel
- 5 g scharfer Senf
- 20 g gekühlte Butter, in Stücken
- 1 Prise Cayennepfeffer
- Salz und Pfeffer
- 1 EL Estragon

1. Koche zuerst die Bechamel-Sauce. Das Rezept dafür findest du auf Seite 94.

2. Zerkleinere die Schalotte im Mixtopf 5 Sekunden/ Stufe 5 und schieb die Stückchen mit dem Spatel nach unten.

3. Gieß den Fischfond und den trockenen Weißwein dazu und koch alles 60 Minuten/ 90°C/ Stufe 1.

4. Gib die vorher gekochte Béchamel-Sauce hinzu und koch sie 7 Minuten/ 90°C/ Stufe 1 mit.

5. Anschließend kommen Crème fraîche, in etwas kaltem Wasser aufgelöstes Maizena (siehe Tipp S. 11) und Senf in den Mixtopf. Köchel die Sauce weitere 3 Minuten/ 100°C/ Stufe 1.

6. Abschließend rührst du die Butter in kleinen Stücken und Cayennepfeffer, Salz und Pfeffer und Estragon 1 Minute/ 70°C/ Stufe 2 unter die Sauce.

mixtipp

Hummer Thermidor ist ein klassisches Gericht, bei dem ein gekochter, zerteilter Hummer mit dieser Sauce in seiner Schale überbacken wird.

4 Portionen | 40 Min. | mittel | Schollenfilet, Lachs, Kalbsmedaillons, Nudelgerichte mit Fisch

CHAMPAGNER-SAUCE

Zubereitungszeit: 40 Minuten
Zutaten für 4 Portionen

- 60 g Schalotten, halbiert
- 50 g Butter
- 200 g Champagner
- 200 g Fischfond (siehe S. 22)
- 200 g Sahne
- 1 EL Maizena-Speisestärke
- Salz nach Belieben
- Weißer Pfeffer nach Belieben

1. Zerkleinere die geschälten Schalotten 5 Sekunden/ Stufe 5 im Mixtopf und schieb die Stückchen mit dem Spatel nach unten. Dünste sie in Butter 3 Minuten/ Varoma/ Stufe 1 an.

2. Gieß den Champagner und den Fischfond dazu und lass die Schalotten-Champagner-Mischung 25 Minuten/ Varoma/ Stufe 1 kochen.

3. Gib jetzt die Sahne und die in ein wenig kaltem Wasser aufgelöste Speisestärke (siehe Tipp S. 11) dazu und mische alles 5 Sekunden/ Stufe 5.

4. Würze die Sauce mit Salz und Pfeffer und lass sie 7 Minuten/ 100°C/ Stufe 1 weiter einkochen.

5. Passiere sie anschließend durch ein Sieb und schäume sie im Mixtopf 5 Sekunden/ Stufe 8 auf.

4 Portionen | 40 Min. | leicht | Weißer Fisch, gebraten, gedünstet

SENF-WEISSWEIN-SAUCE

Zubereitungszeit: 40 Minuten
Zutaten für 4 Portionen

- 1 Schalotte, halbiert
- 40 g Butter, weich
- 20 g Weinbrand
- 200 g trockener Weißwein
- 1 Prise Currypulver
- 1 kleines Kräutersträußchen (Bouquet garni)
- 250 g Fischfond (siehe S. 22)
- 100 g Sahne
- 1 EL Mondamin-Speisestärke
- 2 EL körniger Dijonsenf
- Salz und Pfeffer nach Belieben

1. Zuerst zerkleinerst du die Schalotte 5 Sekunden/ Stufe 5. Schieb die Stückchen mit dem Spatel nach unten und dünste sie mit der Butter 2 Minuten/ Varoma/ Stufe 2.

2. Lösch die Mischung mit Weinbrand und Weißwein ab, füge das Currypulver und das Kräutersträußchen hinzu und koch die Flüssigkeit ca. 15 Minuten/ 100°C/ Linkslauf/ Stufe 1 ein.

3. Jetzt gibst du den Fischfond, die Sahne und das in kaltem Wasser eingerührte Mondamin (siehe Tipp S. 11) hinzu und kochst die Sauce weitere 12 Minuten/ 100°C/ Linkslauf/ Stufe 1.

4. Entferne das Bouquet garni aus der Sauce. Jetzt rührst du noch Senf, Salz und Pfeffer 10 Sekunden/ Stufe 5 unter.

5. Schäume die Sauce zum Schluss 20 Sekunden/ Stufe 8 auf.

mixtipp
Bouquet garni: Je nach Gericht z. B. Petersilie, Thymian, Lorbeer, Zitronenschale.

2 Portionen | 5 Min. | leicht | Tintenfisch, Riesengarnelen oder andere Meeresfrüchte, Kalbsfleisch

SENF-HONIG-SAUCE

Zubereitungszeit: 5 Minuten
Zutaten für 2 Portionen

- 40 g flüssiger Honig
- 100 g Dijon-Senf
- 5 g Zitronensaft
- 100 g Cremefine zum Kochen
- Salz und frisch gemahlener Pfeffer nach Belieben

1. Gib alle Zutaten in den Mixtopf und vermische sie 5 Sekunden/ Stufe 3.

2. Verrühre und erhitze die Sauce 3 Minuten/ 70°C/ Stufe 2.

3. Zum Schluss würzt du die Sauce nach deinem Geschmack und schäumst sie 10 Sekunden/ Stufe 8 auf.

mixtipp

Wenn du eine andere Senfsorte wie zum Beispiel Estragonsenf, Feigensenf oder Rieslingsenf verwendest, erhält deine Sauce eine ganz neue Geschmacksnuance.

4 Portionen | 45 Min. | leicht | Seezungenfilet, neue gekochte Kartoffeln und Gemüse

BEURRE BLANC

Zubereitungszeit: 15 Minuten
Kühlzeit: 30 Minuten
Zutaten für 4 Portionen

- 2 Stängel Estragon
- 2 Stängel Dill
- 10 g Schnittlauch
- 1 Schalotte, halbiert
- 20 g Butter zum Anschwitzen
- 1 EL Maizena-Speisestärke
- 250 g trockener Weißwein
- 5 g Zitronensaft
- 5 g Salz
- Weißer Pfeffer, nach Geschmack
- 100 g kalte Butter, in Stücken, zum Verfeinern

1. Gib zunächst Estragon, Dill und Schnittlauch in den Mixtopf, zerkleinere die Kräuter 5 Sekunden/ Stufe 5 und stell sie in einer Schüssel beiseite.

2. Zerkleinere anschließend die Schalotte 5 Sekunden/ Stufe 5 im Mixtopf, schieb sie mit dem Spatel nach unten und lass sie mit der Butter 2 Minuten/ Varoma/ Stufe 2 andünsten.

3. Löse Maizena in etwas kaltem Wasser auf (siehe Tipp S. 11). Gib es dann mit Weißwein, Zitronensaft und den Gewürzen in den Mixtopf und mische alles 5 Sekunden/ Stufe 5. Anschließend kochst du alles 10 Minuten/ 100°C/ Stufe 2 auf.

4. Dann schneidest du die Butter in 1 cm große Würfel, gibst sie nach dem Kochvorgang mit den Kräutern in die warme Sauce und vermischst alles noch einmal 30 Sekunden/ Stufe 4.

2 Portionen | 30 Min. | leicht | Fisch

WEISSWEINSAUCE

Zubereitungszeit: 30 Minuten
Zutaten für 2 Portionen

1 Schalotte, halbiert
10 g Butter
100 g trockener Weißwein
50 g Noilly Prat
250 g Gemüsefond (siehe S. 20)
200 g Sahne
50 g Crème Fraîche
0,5 g Safranfäden oder -pulver
1 TL Maizena-Speisestärke
Salz nach Belieben
Weißer Pfeffer nach Belieben
5 g Zitronensaft
20 g kalte Butter

mixtipp
Noilly Prat ist ein Wermut. Alternativ kannst du auch Martini oder Cinzano verwenden!

1. Zerkleinere als Erstes die Schalotte 5 Sekunden/ Stufe 5 und schieb danach alles mit dem Spatel nach unten. Gib die 10 g Butter dazu und dünste die Schalotte darin 2 Minuten/ Varoma/ Stufe 2 an.

2. Gieße nun den Wein und den Noilly Prat dazu und lass die Mischung 12 Minuten/ 90°C/ Stufe 1 ohne Messbecher kochen. Die Sauce muss auf die Hälfte reduziert werden, also verlängere die Einstellung gegebenenfalls um einige Minuten.

3. Füge anschließend den Gemüsefond, die Sahne und die Crème Fraîche hinzu und erhitze alles 5 Minuten/ 90°C/ Stufe 2. Danach streust du den Safran in die Sauce und pürierst sie 15 Sekunden/ Stufe 9. Dazu setzt du den Messbecher wieder ein.

4. Löse als Nächstes in einer Tasse das Maizena in etwas kaltem Wasser auf (siehe Tipp S. 11) und verrühre es, bis keine Klümpchen mehr darin sind. Mische die Speisestärke dann 5 Sekunden/ Stufe 5 unter die Sauce. Schmecke die Sauce nach deinem Geschmack mit Salz, Pfeffer und dem Zitronensaft ab und erhitze sie dann noch einmal 4 Minuten/ 90°C/ Stufe 1.

5. Jetzt gibst du noch die Butter in die Sauce und verrührst alles 30 Sekunden/ 70°C/ Stufe 3.

4 Portionen | 30-35 Min. | leicht | Nudeln, Fisch, Meeresfrüchte

TOMATENSAUCE

Zubereitungszeit: 30-35 Minuten
Zutaten für 4 Portionen

- 750 g Tomaten
- 1 Zwiebel, halbiert
- 1 Knoblauchzehe
- 20 g Olivenöl
- 15 g Salz
- 15 g Zucker
- 10 g Tomatenmark
- 5 g Paprika, edelsüß
- 2-3 Stängel Basilikum, gehackt

1. Zuerst müssen die Tomaten gewaschen, abgetrocknet, geschält und dann im Mixtopf 15 Sekunden/ Stufe 5 zerkleinert werden. Fülle die Stückchen in eine Schüssel und stelle sie beiseite. Der Mixtopf muss nicht gereinigt werden.

2. Danach gibst du die geschälte und halbierte Zwiebel und den Knoblauch in den Mixtopf und zerkleinerst alles 5 Sekunden/ Stufe 5. Anschließend schiebst du die Mixtur mit dem Spatel nach unten, gibst das Öl hinzu und dünstest alles 2 Minuten/ Varoma/ Stufe 2.

3. Jetzt fügst du das Salz, den Zucker, Tomatenmark, Paprikagewürz und die frischen Tomaten hinzu und kochst alles 20 Minuten/ 100°C/ Stufe 2. Benutze am besten den Gareinsatz als Spritzschutz anstelle des Messbechers.

4. Am Schluss pürierst du alles noch einmal 10 Sekunden/ Stufe 8. Bitte den Messbecher aufsetzen, sonst spritzt es zu sehr.

5. Gib jetzt noch das gehackte Basilikum hinzu und serviere die Sauce heiß.

4 Portionen | 50 Min. | leicht | Gebratener Fisch

KRÄUTERSAUCE

Zubereitungszeit: 50 Minuten
Zutaten für 4 Portionen

60 g Butter
50 g Mehl
750 g warmer Fischfond (siehe S. 22)
100 g Sahne
Salz und Pfeffer, nach Belieben
1 EL glatte Petersilie, gehackt
1 EL Estragon, gehackt
1 EL Schnittlauchröllchen
Petersilie, gehackt oder Kresse zum Bestreuen

mixtipp

Du solltest die Sauce nach der Zugabe der Kräuter nochmals aufkochen, damit sich das Aroma der frischen Kräuter besser entfalten kann.

1. Zuerst musst du die Butter in den Mixtopf geben und sie 1 Minute/ 80°C/ Stufe 1 schmelzen. Dann gibst du das Mehl hinzu und verrührst alles 2 Minuten/ 95°C/ Stufe 3. Bitte kurz abkühlen lassen.

2. Nun schüttest du langsam und gleichmäßig den Fischfond in den Mixtopf und kochst die Sauce 5 Minuten/ Varoma/ Stufe 1 ohne Messbecher auf.

3. Danach lässt du alles nochmals 35 Minuten/ 95°C / Stufe 1 köcheln, bis ca. 500 g Sauce übrig sind.

4. Jetzt schmeckst du die Sauce mit Sahne, Salz und Pfeffer ab und gibst die Kräuter hinzu. Lass sie weitere 5 Minuten/ 95°C/ Stufe 1 erhitzen und serviere sie sofort. Bestreu sie nach deinem Geschmack mit Petersilie oder Kresse.

SAUCEN FÜR GEMÜSE

2 Portionen | 15 Min. | leicht | Brokkoli, Grüner Spargel

SAUCE HOLLANDAISE

Zubereitungszeit: 15 Minuten
Zutaten für 2 Portionen

- 200 g Butter, in Stücken
- 4 Eigelb
- 2 EL Wasser
- 10 g Zitronensaft
- 5 g Salz
- Weißer Pfeffer, nach Belieben

1. Füll als Erstes die Butter in den Mixtopf und lass sie 4 Minuten/ 80°C/ Stufe 2 aus. Gieß sie anschließend in eine Schüssel um.

2. Setz den Schmetterling auf, gib Eigelb, Wasser, Zitronensaft und Gewürze in den gereinigten Mixtopf und erhitze alles 2 Minuten/ 80°C/ Stufe 4.

3. Dann vermischst du die Sauce noch einmal 4 Minuten/ 80°C/ Stufe 4; währenddessen gießt du die geschmolzene Butter durch die Deckelöffnung dazu.

mixtipp
Schmeckt auch zu Kurzgebratenem, z. B. Steak!

2 Portionen	15 Min.	leicht	Blumenkohl, Spargel, Brokkoli

SAUCE BÉARNAISE

Zubereitungszeit: 15 Minuten
Zutaten für 2 Portionen

- 200 g Butter, in Stücken
- 50 g Schalotten, halbiert
- 5 g schwarze Pfefferkörner
- 30 g Weißweinessig
- 30 g trockener Weißwein
- 5 g gehackter Estragon
- 4 Eigelb
- 2 EL Wasser
- 10 g Zitronensaft
- 5 g Salz
- Weißer Pfeffer, nach Belieben

1. Gib die Butter in den Mixtopf und lass sie 4 Minuten/ 80°C/ Stufe 2 schmelzen. Anschließend füllst du sie zunächst um.

2. Zerkleinere die Schalotten und die Pfefferkörner im grob gereinigten Mixtopf 5 Sekunden/ Stufe 5, schieb sie mit dem Spatel nach unten und dünste sie mit Weißweinessig 2 Minuten/ Varoma/ Stufe 2 an.

3. Setz den Schmetterling auf, gib Weißwein, Estragon, die Eigelbe, Wasser, Zitronensaft, Salz und weißen Pfeffer hinzu und erhitze die Sauce 2 Minuten/ 80°C/ Stufe 4.

4. Dann vermischst du die Sauce noch einmal 4 Minuten/ 80°C/ Stufe 4 und gießt währenddessen die geschmolzene Butter durch die Deckelöffnung hinzu.

2 Portionen | 20 Min. | leicht | Spargel, gedünsteter Fisch

SAUCE MALTAISE

Zubereitungszeit: 20 Minuten
Zutaten für 2 Portionen

- 250 g Butter, in Stücken
- 4 Eigelb
- 2 EL Wasser
- 10 g Orangensaft
- 5 g Salz
- Weißer Pfeffer nach Geschmack

1. Gib die Butter in den Mixtopf, lass sie 4 Minuten/ 80°C/ Stufe 2 schmelzen und füll sie anschließend um.

2. Setz den Schmetterling auf, gib Eigelb, Wasser, Orangensaft und Gewürze in den gereinigten Mixtopf und erhitze alles 2 Minuten/ 80°C/ Stufe 4.

3. Dann vermischst du die Sauce noch einmal 4 Minuten/ 80°C/ Stufe 4; währenddessen gießt du die geschmolzene Butter durch die Deckelöffnung hinzu.

mixtipp
Wer mag, gibt noch ein Päckchen Safran dazu.

4 Portionen | 20 Min. | leicht | Tafelspitz

MEERRETTICH-MOUSSELINE

Zubereitungszeit: 20 Minuten
Zutaten für 4 Portionen

200 g Butter, in Stücken
75 g frischer Meerrettich
10 g Zitronensaft
125 g Sahne
3 Eigelb
Salz nach Geschmack
Pfeffer nach Geschmack
100 g Frischkäse
100 g Fleischfond (siehe S. 14)

1. Gib zunächst die Butter in den Mixtopf, schmelze sie 6 Minuten/ 70°C/ Stufe 2 und füll sie anschließend in eine Schüssel um.

2. Zerkleinere dann im gereinigten Mixtopf den Meerrettich 8 Sekunden/ Stufe 8 und schieb ihn mit dem Spatel nach unten.

3. Setz den Schmetterling ein, gib dann Zitronensaft, Sahne, Eigelbe, Salz und Pfeffer hinzu und erhitze alles 2 Minuten/ 70°C/ Stufe 4.

4. Anschließend lässt du die Mischung 5 Minuten/ 70°C/ Stufe 4 köcheln und gießt währenddessen die geschmolzene Butter nach und nach dazu.

5. Zum Schluss gibst du noch Frischkäse und Fleischfond hinzu und kochst alles noch einmal 4 Minuten/ 100°C/ Stufe 3 auf.

mixtipp
Wer es noch meerrettiger mag, nimmt Frischkäse mit Meerrettich (z.B. Philadelphia).

3 Portionen | 20 Min. | leicht | Gratins, Kartoffeln, Gemüse

BÉCHAMELSAUCE

Zubereitungszeit: 20 Minuten
Zutaten für 3 Portionen

- 1 Zwiebel, halbiert
- 80 g Butter
- 50 g Mehl
- 400 g Milch
- 1 Brühwürfel, zerbröselt
- Muskatnuss nach Belieben
- Salz nach Belieben
- Pfeffer nach Belieben

1. Schäle und halbiere die Zwiebel und zerkleinere sie anschließend im Mixtopf 5 Sekunden/ Stufe 5. Schieb die Stücke dann mit dem Spatel nach unten. Gib 20 g der Butter hinzu und dünste die Zwiebel darin 2 Minuten/ Varoma/ Stufe 2.

2. Jetzt fügst du die restliche Butter hinzu und zerlässt sie 3 Minuten/ 80°C/ Stufe 1. Anschließend gibst du das Mehl hinzu und verrührst alles 2 Minuten/ 90°C/ Stufe 3. Lass die Sauce eine Minute bei geöffnetem Mixtopfdeckel abkühlen.

3. Nun gibst du langsam die Milch und den Brühwürfel dazu und kochst alles 5 Minuten/ Varoma/ Stufe 1 ohne eingesetzten Messbecher auf. Würze die Sauce nach deinem Geschmack mit Salz, Pfeffer und Muskatnuss und koche sie weitere 2 Minuten/ 90°C/ Stufe 3.

3 Portionen | 20 Min. | leicht | Blumenkohl, Brokkoli

BÉCHAMELSAUCEN-VARIATION: SAUCE MORNAY

Zubereitungszeit: 20 Minuten
Zutaten für 3 Portionen

Siehe Béchamel-Basisrezept S. 94, zusätzlich kommen hinzu:

60 g Bergkäse oder Emmentaler

4 EL geriebener Parmesan

1. Verfahre wie im Béchamel-Basisrezept beschrieben, aber gib, wenn du die Sauce mit Salz, Pfeffer und Muskatnuss würzt, auch den Bergkäse oder Emmentaler und den Parmesan hinzu.

2. Koche anschließend alles 5 Minuten/ 90°C/ Stufe 3.

3 Portionen | 20 Min. | leicht | Nudeln, Brokkoli, Kartoffel, Gemüse im Allgemeinen

BÉCHAMELSAUCEN-VARIATION: GOUDA-BECHAMEL

Zubereitungszeit: 20 Minuten
Zutaten für 3 Portionen

Siehe Béchamel-Basisrezept S. 94, zusätzlich kommen hinzu:

300 g Gouda, gerieben

1. Verfahre wie im Béchamel-Basisrezept beschrieben, aber gib, wenn du die Sauce mit Salz, Pfeffer und Muskatnuss würzt, zusätzlich den Gouda hinzu.

2. Koche alles 5 Minuten/ 90 °C/ Stufe 3.

4 Portionen | 2 Std. 10 Min. | leicht | Kartoffeln, Rindfleisch, Spargel und anderen Gemüsesorten

FRANKFURTER GRÜNE SAUCE

Zubereitungszeit: 10 Minuten
Ziehzeit: mindestens 2 Stunden
Zutaten für 4 Portionen

- 200 g gemischte Kräuter: Kerbel, Borretsch, Kresse, Petersilie, Sauerampfer, Schnittlauch, Pimpinelle
- 30 g Cornichons
- 100 g saure Sahne
- 100 g Schmand
- 300 g Sahnejoghurt
- 10 g mittelscharfer Senf
- 15 g Cornichonsud
- 5 g Zitronensaft
- 5 g Salz
- 1 Prise Pfeffer
- 2 Eier, hartgekocht
- 1 Ei, hartgekocht, grob gewürfelt, nach Belieben

1. Zu Beginn zerhäckselst du die Kräuter im Mixtopf 10 Sekunden/ Stufe 7. Schieb sie mit dem Spatel nach unten.

2. Jetzt fügst du die Cornichons hinzu und zerkleinerst sie ebenfalls 5 Sekunden/ Stufe 5. Schieb die Stückchen mit dem Spatel nach unten.

3. Mische saure Sahne, Schmand, Joghurt, Senf, Cornichons, Zitronensaft, Gewürze und die beiden Eier hinzu und püriere alles 15 Sekunden/ Stufe 4.

4. Je nach Geschmack kannst du noch ein drittes Ei grob würfeln und mithilfe des Spatels unter die fertige Sauce heben.

5. Lass die Frankfurter Grüne Sauce mindestens 2 Stunden im Kühlschrank ziehen, am besten jedoch über Nacht.

mixtipp

Besonders frisch schmeckt die Sauce, wenn du noch 10 Blatt Minze hinzugibst.

mixtipp
Keine frischen Kräuter erhältlich? Nimm eine tiefgekühlte Kräutermischung.

SAUCEN FÜR SÜSSES

4 Portionen | 30 Min. | leicht | Stollenparfait, Lebkuchenmousse

ZIMTSAUCE

Zubereitungszeit: 30 Minuten
Zutaten für 4 Portionen

- 200 g Milch
- 3 Eigelbe
- 50 g Zucker
- 5 g Zimt
- 150 g Sahne

1. Im Mixtopf kochst du als Erstes die Milch unter Beobachtung 2 Minuten/ 100°C/ Stufe 1 auf und gießt sie dann in eine Tasse um.

2. Setz den Schmetterling ein. Trenne die Eier und gib die Eigelbe mit dem Zucker in den Mixtopf. Verrühre sie 30 Sekunden/ 37°C/ Stufe 4, bis du eine cremige Mischung hast. Danach gibst du die warme Milch und den Zimt dazu und lässt alles 6 Minuten/ 80°C/ Stufe 3 köcheln, bis die Sauce eine dickliche Konsistenz bekommt.

3. Jetzt füllst du die Zimtsauce in eine Schüssel um und stellst sie kalt. In der Zwischenzeit reinigst du gründlich den Mixtopf, stellst ihn für einige Minuten ins Eisfach und schlägst anschließend die Sahne darin mit dem ebenfalls gut gereinigten Schmetterling unter Beobachtung auf Stufe 4, bis sie steif wird.

4. Zum Schluss gießt du die abgekühlte Zimtmischung dazu und verrührst die Sauce ohne Schmetterling 10 Sekunden/ Stufe 3.

mixtipp

Benutze nach Möglichkeit Ceylon-Zimt. Er enthält weniger Cumarin, der in größeren Mengen schädlich für die Leber sein kann.

BioWagner
ZIMT
gemahlen

2-3 Portionen | 15 Min. | leicht | Bratäpfel, Speiseeis

SÜSSE LEBKUCHENSAUCE

Zubereitungszeit: 15 Minuten
Zutaten für 2-3 Portionen

- 50 g Lebkuchen
- 20 g Zucker
- 1 TL Lebkuchengewürz
- 100 g Sahne
- 1 Eigelb
- 1 TL Maizena-Speisestärke
- 1 Vanilleschote
- 100 g Milch
- 10 g Rum

1. Als Erstes zerkleinerst du den Lebkuchen mit dem Zucker und dem Lebkuchengewürz im Mixtopf 8 Sekunden/ Stufe 10. Füll die Krümel um und stell sie in einer Schüssel beiseite. Dann reinigst du den Mixtopf gründlich.

2. Gieß nun Sahne und Eigelb in den Mixtopf und setz den Schmetterling ein. Erwärme die Mischung 4 Minuten/ 80°C/ Stufe 3.

3. Löse das Maizena derweil in einer Tasse mit etwas kaltem Wasser auf (siehe Tipp S. 11) und gib es in den Mixtopf.

4. Nun kratzt du die Vanilleschote aus und gibst das Vanillemark mit der Milch, dem zerkleinerten Lebkuchen und dem Rum auf die Lebkuchenmischung. Danach lässt du die Sauce noch einmal 2 Minuten/ 90°C/ Stufe 3 köcheln.

5. Zum Schluss entfernst du den Schmetterling und schäumst die Sauce noch 10 Sekunden/ Stufe 5 auf.

mixtipp
Lebkuchen schon alle? Nimm Spekulatius oder Holländischen Frühstückskuchen!

2 Portionen	15 Min.	leicht	Pfann-kuchen, Crêpes, Waffeln

KARAMELLSAUCE

Zubereitungszeit: 15 Minuten
Zutaten für 2 Portionen

- 80 g Werther's Original
- 180 g Sahne
- 50 g Orangensaft
- 2 TL Maizena-Speisestärke

1. Als Erstes zerhackst du die Werther's Bonbons im Mixtopf 10 Sekunden/ Stufe 10 und schiebst die Stückchen mit dem Spatel nach unten.

2. Dann gibst du Sahne und Orangensaft hinzu und erhitzt die Mischung 5 Minuten/ 80°C/ Stufe 3.

3. Rühre nun das Maizena in einer Tasse mit etwas kaltem Wasser an (siehe Tipp S. 11), bis keine Klümpchen mehr in der Mischung sind. Rühre es danach 2 Minuten/ 90°C/ Stufe 3 in die Karamellsauce, so dass sie andickt.

mixtipp
Für Erwachsene: Verwende nur 30 g Orangensaft und gib 20 g Whisky hinzu!

4 Portionen | 15 Min. | leicht | Apfelstrudel, dunkles Schokoeis

WEISSE SCHOKOLADENSAUCE

Zubereitungszeit: 15 Minuten
Zutaten für 4 Portionen

250 g weiße Schokolade, in Stücken
100 g Milch
1 Vanilleschote
200 g Sahne

1. Als Erstes brichst du die weiße Schokolade in Stückchen und gibst sie in den Mixtopf. Zermahle sie 20 Sekunden/ Stufe 10 und schieb sie mit dem Spatel nach unten.

2. Gieß als Nächstes die Milch dazu und lass die Schokolade darin 5 Minuten/ 80°C/ Stufe 4 schmelzen.

3. Nun kratzt du das Mark aus der Vanilleschote und gibst es mit der Sahne ebenfalls in den Mixtopf. Erhitze die weiße Schokoladensauce noch einmal 4 Minuten/ 70°C/ Stufe 4.

4. Zum Schluss verrührst du die Sauce 20 Sekunden/ Stufe 8 und servierst sie dann heiß.

mixtipp
Wer mag, mischt noch 30 g Cointreau unter.

4 Portionen | 10 Min. | leicht | Eis, Obst, Windbeutel

SCHOKOLADENSAUCE

Zubereitungszeit: 10 Minuten
Zutaten für 4 Portionen

- 200 g Zartbitterschokolade, in Stücken
- 100 g Milch
- 100 g Sahne
- 30 g Zucker
- 30 g Butter, weich
- 20 g Rum

1. Zuerst brichst du die Schokolade in grobe Stücke und zerkleinerst sie dann im Mixtopf 20 Sekunden/ Stufe 10. Schieb die Stückchen mit dem Spatel nach unten.

2. Nun schmilzt du sie mit der Milch 4 Minuten/ 80°C/ Stufe 4.

3. Jetzt gibst du noch Sahne, Zucker, Butter und Rum dazu und erhitzt und verrührst die Sauce noch einmal 2 Minuten/ 60°C/ Stufe 4.

4. Zum Schluss verquirlst du die Sauce noch einmal 20 Sekunden/ Stufe 8.

mixtipp
Anstelle von Rum kannst du auch Orangensaft benutzen.

4 Portionen | 15 Min. | leicht | Krokant-Parfait, Vanillepudding

KAFFEESAUCE

Zubereitungszeit: 15 Minuten
Zutaten für 4 Portionen

100 g Sahne
1 Vanilleschote
400 g Milch
2 EL lösliches Kaffeepulver
20 g Kaffeelikör
1 Prise Salz
5 Eigelbe
50 g Zucker

mixtipp
Wer eine Cappuccino-Sauce mag, nimmt löslichen Cappuccino!

1. Als Erstes schlägst du die Sahne steif. Entweder machst du das mit dem Handrührgerät oder mit eingesetztem Schmetterling im kalten, fettfreien Mixtopf unter Beobachtung auf Stufe 4. Stell sie dann in einer Schüssel im Kühlschrank kalt. Den Topf brauchst du nicht auszuspülen. Nimm den Schmetterling ab.

2. Jetzt kratzt du das Mark aus der Vanilleschote und gibst es mit Milch, Kaffeepulver, Kaffeelikör und Salz in den Mixtopf. Verrühre alles kurz 5 Sekunden/ Stufe 5 und koche die Mischung dann 4 Minuten/ 100°C/ Stufe 3 auf. Danach füllst du die warme Kaffeemilch um.

3. Setz den Schmetterling ein. Trenne die Eier und gib die Eigelbe mit dem Zucker in den Mixtopf. Den Mixtopf brauchst du vorher nicht auszuspülen. Dann verquirlst du sie 60 Sekunden/ 60°C/ Stufe 4 zu einer cremigen Masse.

4. Nun gießt du die warme Kaffeemilch nach und nach über den Mixtopfdeckel auf die Eiercreme und rührst sie ca. 3 Minuten/ 90°C/ Stufe 4 mit dem Schmetterling unter, bis die Sauce gut vermischt ist und eine festere Konsistenz bekommt.

5. Zum Schluss hebst du die geschlagene Sahne ca. 10 Sekunden/ Stufe 3 unter, bis du eine cremige Kaffeesauce hast.

2-3 Portionen | 25 Min. | leicht | Vanilleeis, warmer Käsekuchen, Topfenstrudel

RHABARBERSAUCE

Zubereitungszeit: 25 Minuten
Zutaten für 2-3 Portionen

- 250 g Rhabarberstangen, in Stücken
- 100 g Wasser
- Mark einer Vanilleschote
- 100 g Zucker
- 10 g Zitronensaft

1. Zuerst wäschst und putzt du den Rhabarber und schneidest ihn in ca. 2 cm große Stücke.

2. Gib die Stücke in den Mixtopf, gieß das Wasser dazu und lass die Mischung 6 Minuten/ 100°C/ Stufe 1 kochen.

3. Nach dieser Zeit nimmt du einige der Rhabarberstücke heraus und legst sie zunächst beiseite.

4. Nun kochst du die Rhabarbermischung noch einmal 2 Minuten/ 90°C/ Stufe 1.

5. Danach gibst du das Mark der Vanilleschote, den Zucker und den Zitronensaft dazu und lässt die Mischung noch einmal 5 Minuten/ 90°C/ Stufe 1 köcheln.

6. Püriere alles 20 Sekunden/ Stufe 10 und füge anschließend die Rhabarberstückchen hinzu, die du vorher beiseitegestellt hast.

7. Du kannst die Sauce warm oder kalt servieren!

mixtipp
Passt mit Petersilie auch super zu herzhaften Wildgerichten!

2-3 Portionen | 15 Min. | leicht | Grießbrei, Milchreis, Eis und Parfait

JOHANNISBEERSAUCE

Zubereitungszeit: 15 Minuten
Zutaten für 2-3 Portionen

- 100 g Zucker
- 200 g rote Johannisbeeren
- 30 g Crème fraîche

1. Als Erstes pulverisierst du den Zucker im Mixtopf 20 Sekunden/ Stufe 10 und stellst ihn zunächst beiseite.

2. Nun wäschst und verliest du die Johannisbeeren. Lass sie abtropfen und zerkleinere sie dann im Mixtopf 40 Sekunden/ Stufe 8.

3. Wenn du eine Sauce ohne Kerne möchtest, streichst du das Fruchtpüree durch ein Sieb und gibst die gesiebte Masse dann wieder in den Mixtopf.

4. Anschließend fügst du den vorbereiteten Puderzucker und die Crème fraîche hinzu und vermischst die Sauce 5 Minuten/ 100°C/ Stufe 1.

5. Zum Schluss pürierst du die Sauce noch einmal 20 Sekunden, wobei du nach und nach von Stufe 6 auf Stufe 10 hochschaltest.

mixtipp
Für eine alkoholische Variante: 10 g Crème de Cassis einrühren!

mixtipp
Geht auch mit Himbeeren, Cranberrys oder Heidelbeeren!

6 Portionen | 45 Min. | leicht | Kaiserschmarrn

TRAUBENSAUCE MIT SÜSSWEIN

Zubereitungszeit: 45 Minuten
Zutaten für 6 Portionen

50 g Butter
75 g Zucker
500 g rote Weintrauben
50 g Süßwein
1 EL Maizena-Speisestärke

mixtipp
Auch wenn es mehr Arbeit ist, die Kerne der Weintrauben zu entfernen, haben diese viel mehr Geschmack als die kernlosen.

1. Zuerst musst du die Butter in den Mixtopf geben und sie 2 Minuten/ 80°C/ Stufe 1 auslassen.

2. Danach gibst du den Zucker hinzu und rührst ihn 30 Sekunden/ Stufe 4 unter.

3. Entkerne nun die Weintrauben und gib sie zu dem Butter-Zucker-Gemisch. Gib anschließend den Süßwein hinzu und koche die Sauce 20 Minuten/ 100°C/ Stufe 2.

4. Löse in der Zwischenzeit die Speisestärke in etwas kaltem Wasser auf (immer im Verhältnis 1:2, siehe Tipp S. 11) und schütte sie in den Mixtopf. Mische die Stärke 5 Sekunden/ Stufe 5 unter und erhitze die Sauce noch einmal 2 Minuten/ Varoma/ Stufe 2.

5. Jetzt pürierst du die Sauce 30 Sekunden/ Stufe 10 und schüttest sie durch ein Sieb in eine Sauciere.

6. Rühre die Sauce kurz vor dem Servieren 10 Sekunden/ Stufe 8 noch einmal kräftig um.

mixtipp

Du kannst auch roten Traubensaft verwenden, wenn du eine alkoholfreie Variante bevorzugst.

4 Portionen | 25 Min. | leicht | Crêpes

SÜSSE ORANGENSAUCE

Zubereitungszeit: 25 Minuten
Zutaten für 4 Portionen

- 1 Bio-Zitrone
- 3 Bio-Orangen
- 50 g brauner Würfelzucker
- 1 Vanilleschote
- 30 g Grand Marnier
- 30 g Honig
- 20 g Butter, kalt, in Stücken

1. Als Erstes spülst du die Zitrusfrüchte gründlich ab und tupfst sie trocken. Dann reibst du die braunen Zuckerwürfel an der Schale der Früchte, damit sie ihr Aroma annehmen können.

2. Anschließend presst du die Zitrone aus und gibst 10 g Saft in den Mixtopf. Dann schälst du die Orangen und gibst die Filets ohne Kerne in den Mixtopf. Püriere das Obst 8 Sekunden/ Stufe 8 und schieb es mit dem Spatel nach unten. Dazu gibst du die braunen Zuckerwürfel und löst sie im Saft 3 Minuten/ 100°C/ Stufe 1 auf.

3. Schneide als Nächstes die Vanilleschote auf und kratze das Mark heraus. Füge dann das Vanillemark mit Grand Marnier und Honig in den Mixtopf hinzu und lass alles zusammen 5 Minuten/ 80°C/ Stufe 2 köcheln.

4. Zum Schluss schneidest du die eiskalte Butter in kleine Stückchen und gibst sie in die Sauce. Rühre sie 20 Sekunden/ Stufe 5 unter.

5. Jetzt kannst du die süße Orangensauce heiß servieren!

mixtipp
Zum Binden der Sauce muss die Butter eiskalt sein – gib sie am besten vorher in den Eisschrank.

4 Portionen	25 Min.	leicht	Pfann-kuchen, Dampf-nudeln

APFELSAUCE

Zubereitungszeit: 25 Minuten
Zutaten für 4 Portionen

- 500 g Tafeläpfel (z.B. Cox)
- 100 g Wasser
- 150 g Cidre
- 25 g Zucker
- 10 g Zitronensaft
- 1 kräftige Prise gemahlener Zimt
- 25 g Butter
- 1 Prise Salz

1. Zuerst musst du die Äpfel schälen, die Kerngehäuse herausschneiden und 5 Sekunden/ Stufe 5 im Mixtopf zerkleinern. Anschließend schiebst du die Stückchen mit dem Spatel nach unten.

2. Dann fügst du das Wasser, den Cidre, den Zucker, den Zitronensaft und den Zimt hinzu und kochst alles 15 Minuten/ 80°C/ Linkslauf/ Stufe 1. Achte darauf, dass die Äpfel weich sind und noch genügend Feuchtigkeit haben. Verlängere gegebenenfalls die Garzeit um 5 Minuten.

3. Rühre nun die Butter und das Salz 1 Minute/ Linkslauf/ Stufe 3 unter.

mixtipp

Als alkoholfreie Variante schmeckt die Sauce auch mit Apfelsaft.

Gratis-Exemplar sichern!

Sichern Sie sich zum Kennenlernen der MIXX-Zeitschrift jetzt ein Gratis-Exemplar im Wert von 4,90 €!

Name

Vorname

Adresse

☐ Ja, schicken Sie mir Ihren kostenlosen E-Mail-Newsletter und halten Sie mich über Neuheiten und Sonderangebote des Heel-Verlags auf dem Laufenden!

E-Mail-Adresse

Ihre Daten werden von der HEEL Verlag GmbH gespeichert, um Ihnen Informationen aus unserem Verlagsprogramm zukommen zu lassen. Ihnen entstehen weder Kosten noch Verpflichtungen. Sie können sich jederzeit vom Newsletter abmelden.

Datum

Unterschrift

Teilnahmebedingungen: Dieser Gutschein ist nur auf postalischem Weg einzulösen.
Pro Person nur ein Gutschein gültig

HEEL Verlag GmbH, MIXX-Redaktion, Pottscheidt 1, 53639 Königswinter
Tel.: 02223/9230-0, Fax: 02223/9230-13/26, www.heel-verlag.de

WEITERE TITEL DER MIXTIPP-REIHE

AUCH ALS E-BOOK ERHÄLTLICH

MIXtipp: Baby- und Kleinkinder-Rezepte

96 Seiten,
Format: 17 x 24 cm,
Klappenbroschur,
durchgehend farbig bebildert
ISBN: 978-3-96058-088-1,
9,99 €

MIXtipp: Lasst uns Grillen

120 Seiten,
Format: 17 x 24 cm,
Klappenbroschur,
durchgehend farbig bebildert
ISBN: 978-3-96058-089-8,
9,99 €

MIXtipp: Vegane Rezepte

112 Seiten,
Format: 17 x 24 cm,
Klappenbroschur,
durchgehend farbig bebildert
ISBN: 978-3-96058-087-4,
9,99 €

MIXtipp: Mediterrane Rezepte

104 Seiten,
Format: 17 x 24 cm,
Klappenbroschur,
durchgehend farbig bebildert
ISBN: 978-3-96058-037-9,
9,99 €

MIXtipp: Party-Rezepte

104 Seiten,
Format: 17 x 24 cm,
Klappenbroschur,
durchgehend farbig bebildert
ISBN: 978-3-945152-50-8,
9,99 €

MIXtipp: Leichte Küche

120 Seiten,
Format: 17 x 24 cm,
Klappenbroschur,
durchgehend farbig
bebildert
ISBN: 978-3-945152-70-6,
9,99 €

MIXtipp: Lieblings-marmeladen

104 Seiten,
Format: 17 x 24 cm,
Klappenbroschur,
durchgehend farbig
bebildert
ISBN: 978-3-96058-091-
9,99 €

MIXtipp: Lieblings-Suppen

112 Seiten,
Format: 17 x 24 cm,
Klappenbroschur,
durchgehend farbig
bebildert
ISBN: 978-3-96058-092-8,
9,99 €

MIXtipp: Wildgerichte

128 Seiten,
Format: 17 x 24 cm,
Klappenbroschur,
durchgehend farbig
bebildert,
ISBN: 978-3-96058-093-5
9,99 €

MIXtipp: Lieblingsrezepte zu Weihnachten

120 Seiten,
Format: 17 x 24 cm,
Klappenbroschur,
durchgehend farbig
bebildert
ISBN: 978-3-96058-094-2,
9,99 €

MIXtipp: Basische Rezepte

120 Seiten,
Format: 17 x 24 cm,
Klappenbroschur,
durchgehend farbig
bebildert,
ISBN: 978-3-96058-098-
9,99 €

MIXtipp: Spanische Rezepte

ca. 104 Seiten, Format: 17 x 24 cm,
Klappenbroschur, durchgehend farbig bebildert,
ISBN: 978-3-96058-107-9
9,99 €

Ob die Gemüsepfanne Pisto manchego aus Kastilien-La Mancha, Croquetas de Jamón andalusischer Art oder die süße Crema Catalana: Mit diesen Gerichten holst du dir Spanien ins Haus! In diesem Buch stellt das Team MIXtipp die besten Rezepte der spanischen Küche vor. Neben regionalen Gerichten kommen aber auch Klassiker wie Paella, ein an heißen Sommertagen erfrischender Salmorejo oder Gazpacho oder eine Tortilla Española nicht zu kurz.

MIXtipp: Lieblingseis

ca. 96 Seiten, Format: 17 x 24 cm,
Klappenbroschur, durchgehend farbig bebildert,
ISBN: 978-3-96058-090-4,
9,99 €

Lust auf Eis? Ob es ganz klassische Vanille-, leckere Schoko-Cookie oder eine ausgefallene Kreation wie Kiwi-Mango-Eiscreme sein soll: Mit dieser Rezeptsammlung und dem Thermomix kannst du ganz einfach und schnell deine Lieblingseissorten zaubern! Dabei findest du alles vom erfrischenden Wassereis und Sorbet über cremig-süßes Milcheis bis zu den besten Fruchteissorten – genau das Richtige an einem heißen Sommertag!

MIXtipp: Party-Rezepte II

ca. 104 Seiten, Format: 17 x 24 cm,
Klappenbroschur, durchgehend farbig bebildert,
ISBN: 978-3-96058-100-0,
9,99 €

Geburtstag, Sommerfete, Familienfest – einen Grund zum Feiern gibt es immer. Und was braucht es dafür neben netten Leuten und schönem Ambiente? Genau, zünftiges Partyfood und gute Drinks! In *Mixtipp: Party-Rezepte 2* findest du wieder die ganze Bandbreite an fetentauglichen Leckereien: Von Frischkäsebällchen über Kartoffel-Lachs-Gratin bis hin zu Erdbeerlimes gibt es hier etwas, was jeden Partygast glücklich macht. Und wie immer garantiert dir der Thermomix dabei eine stressfreie Feten-Vorbereitung!